MW00932641

IF FOUND PLEASE RETURN TO:
_____
_____
_____
EMAIL: _____
REWARD: _____

JULY 2021 - JUNE 2022

CALENDAR 21/22

JULY

S	M	T	W	T	F	S
				1	2	3
4	5	6	7	8	9	10
11	12	13	14	15	16	17
18	19	20	21	22	23	24
25	26	27	28	29	30	31

AUGUST

S	M	T	W	T	F	S
1	2	3	4	5	6	7
8	9	10	11	12	13	14
15	16	17	18	19	20	21
22	23	24	25	26	27	28
29	30	31				

SEPTEMBER

S	M	T	W	T	F	S
			1	2	3	4
5	6	7	8	9	10	11
12	13	14	15	16	17	18
19	20	21	22	23	24	25
26	27	28	29	30		

OCTOBER

S	M	T	W	T	F	S
					1	2
3	4	5	6	7	8	9
10	11	12	13	14	15	16
17	18	19	20	21	22	23
24	25	26	27	28	29	30
31						

NOVEMBER

S	M	T	W	T	F	S
	1	2	3	4	5	6
7	8	9	10	11	12	13
14	15	16	17	18	19	20
21	22	23	24	25	26	27
28	29	30				

DECEMBER

S	M	T	W	T	F	S
			1	2	3	4
5	6	7	8	9	10	11
12	13	14	15	16	17	18
19	20	21	22	23	24	25
26	27	28	29	30	31	

JANUARY

S	M	T	W	T	F	S
						1
2	3	4	5	6	7	8
9	10	11	12	13	14	15
16	17	18	19	20	21	22
23	24	25	26	27	28	29
30	31					

FEBRUARY

S	M	T	W	T	F	S
		1	2	3	4	5
6	7	8	9	10	11	12
13	14	15	16	17	18	19
20	21	22	23	24	25	26
27	28					

MARCH

S	M	T	W	T	F	S
		1	2	3	4	5
6	7	8	9	10	11	12
13	14	15	16	17	18	19
20	21	22	23	24	25	26
27	28	29	30	31		

APRIL

S	M	T	W	T	F	S
					1	2
3	4	5	6	7	8	9
10	11	12	13	14	15	16
17	18	19	20	21	22	23
24	25	26	27	28	29	30

MAY

S	M	T	W	T	F	S
1	2	3	4	5	6	7
8	9	10	11	12	13	14
15	16	17	18	19	20	21
22	23	24	25	26	27	28
29	30	31				

JUNE

S	M	T	W	T	F	S
			1	2	3	4
5	6	7	8	9	10	11
12	13	14	15	16	17	18
19	20	21	22	23	24	25
26	27	28	29	30		

US 21/22 FEDERAL HOLIDAYS

SUNDAY	JUL 04	INDEPENDENCE DAY
MONDAY	JUL 05	INDEPENDENCE DAY
MONDAY	SEP 06	LABOR DAY
MONDAY	OCT 11	COLUMBUS DAY
THURSDAY	NOV 11	VETERANS DAY
THURSDAY	NOV 25	THANKSGIVING
FRIDAY	DEC 24	CHRISTMAS DAY
SATURDAY	DEC 25	CHRISTMAS DAY
SUNDAY	JAN 01	NEW YEAR'S DAY
MONDAY	JAN 17	MARTIN LUTHER KING JR. DAY
MONDAY	MAY 30	MEMORIAL DAY .

UK 21/22 FEDERAL HOLIDAYS

MONDAY	AUG 30	SUMMER BANK HOLIDAY
MONDAY	DEC 27	CHRISTMAS DAY
TUESDAY	DEC 28	BOXING DAY
MONDAY	JAN 03	NEW YEAR'S DAY
FRIDAY	APR 15	GOOD FRIDAY
MONDAY	APR 18	EASTER MONDAY
MONDAY	MAY 02	EARLY MAY BANK HOLIDAY
THURSDAY	JUN 02	SPRING BANK HOLIDAY

July 2021

Sunday	Monday	Tuesday	Wednesday
4	5	6	7
11	12	13	14
18	19	20	21
25	26	27	28

"Things work out best for those who make the best of how things work out. "-John Wooden

Thursday 1	Friday 2	Saturday 3
8	9	10
15	16	17
22	23	24
29	30	31

Notes

_____
_____
_____
_____
_____
_____
_____
_____
_____
_____
_____
_____
_____
_____
_____
_____
_____
_____
_____
_____
_____
_____
_____
_____
_____

For better week view this paper is left blank.

01 THU. JUL 1, 2021 ———————————

○ ———————————
○ ———————————
○ ———————————
○ ———————————
○ ———————————
○ ———————————
○ ———————————
○ ———————————
○ ———————————
○ ———————————

02 FRI. JUL 2, 2021 ———————————

○ ———————————
○ ———————————
○ ———————————
○ ———————————
○ ———————————
○ ———————————
○ ———————————
○ ———————————
○ ———————————
○ ———————————

03 SAT. JUL 3, 2021

04 SUN. JUL 4, 2021

05 MON. JUL 5, 2021 —————————————————

——————————————————   ○ ————————————————
——————————————————   ○ ————————————————
——————————————————   ○ ————————————————
——————————————————   ○ ————————————————
——————————————————   ○ ————————————————
——————————————————   ○ ————————————————
——————————————————   ○ ————————————————
——————————————————   ○ ————————————————
——————————————————   ○ ————————————————
——————————————————   ○ ————————————————

06 TUE. JUL 6, 2021 —————————————————

——————————————————   ○ ————————————————
——————————————————   ○ ————————————————
——————————————————   ○ ————————————————
——————————————————   ○ ————————————————
——————————————————   ○ ————————————————
——————————————————   ○ ————————————————
——————————————————   ○ ————————————————
——————————————————   ○ ————————————————
——————————————————   ○ ————————————————
——————————————————   ○ ————————————————

07 WED. JUL 7, 2021 —————————————————

——————————————————   ○ ————————————————
——————————————————   ○ ————————————————
——————————————————   ○ ————————————————
——————————————————   ○ ————————————————
——————————————————   ○ ————————————————
——————————————————   ○ ————————————————
——————————————————   ○ ————————————————
——————————————————   ○ ————————————————
——————————————————   ○ ————————————————
——————————————————   ○ ————————————————

08 THU. JUL 8, 2021

○
○
○
○
○
○
○
○
○
○

09 FRI. JUL 9, 2021

○
○
○
○
○
○
○
○
○
○

10 SAT. JUL 10, 2021

11 SUN. JUL 11, 2021

12 MON. JUL 12, 2021 —————————————————

——————————————————— ○ ———————————
——————————————————— ○ ———————————
——————————————————— ○ ———————————
——————————————————— ○ ———————————
——————————————————— ○ ———————————
——————————————————— ○ ———————————
——————————————————— ○ ———————————
——————————————————— ○ ———————————
——————————————————— ○ ———————————
——————————————————— ○ ———————————

13 TUE. JUL 13, 2021 —————————————————

——————————————————— ○ ———————————
——————————————————— ○ ———————————
——————————————————— ○ ———————————
——————————————————— ○ ———————————
——————————————————— ○ ———————————
——————————————————— ○ ———————————
——————————————————— ○ ———————————
——————————————————— ○ ———————————
——————————————————— ○ ———————————
——————————————————— ○ ———————————

14 WED. JUL 14, 2021 —————————————————

——————————————————— ○ ———————————
——————————————————— ○ ———————————
——————————————————— ○ ———————————
——————————————————— ○ ———————————
——————————————————— ○ ———————————
——————————————————— ○ ———————————
——————————————————— ○ ———————————
——————————————————— ○ ———————————
——————————————————— ○ ———————————
——————————————————— ○ ———————————

15 THU. JUL 15, 2021

○
○
○
○
○
○
○
○
○
○

16 FRI. JUL 16, 2021

○
○
○
○
○
○
○
○
○
○

17 SAT. JUL 17, 2021

18 SUN. JUL 18, 2021

19 MON. JUL 19, 2021 —————————————————————

———————————————————————   ◯ ——————————————————
———————————————————————   ◯ ——————————————————
———————————————————————   ◯ ——————————————————
———————————————————————   ◯ ——————————————————
———————————————————————   ◯ ——————————————————
———————————————————————   ◯ ——————————————————
———————————————————————   ◯ ——————————————————
———————————————————————   ◯ ——————————————————
———————————————————————   ◯ ——————————————————
———————————————————————   ◯ ——————————————————

20 TUE. JUL 20, 2021 —————————————————————

———————————————————————   ◯ ——————————————————
———————————————————————   ◯ ——————————————————
———————————————————————   ◯ ——————————————————
———————————————————————   ◯ ——————————————————
———————————————————————   ◯ ——————————————————
———————————————————————   ◯ ——————————————————
———————————————————————   ◯ ——————————————————
———————————————————————   ◯ ——————————————————
———————————————————————   ◯ ——————————————————
———————————————————————   ◯ ——————————————————

21 WED. JUL 21, 2021 —————————————————————

———————————————————————   ◯ ——————————————————
———————————————————————   ◯ ——————————————————
———————————————————————   ◯ ——————————————————
———————————————————————   ◯ ——————————————————
———————————————————————   ◯ ——————————————————
———————————————————————   ◯ ——————————————————
———————————————————————   ◯ ——————————————————
———————————————————————   ◯ ——————————————————
———————————————————————   ◯ ——————————————————
———————————————————————   ◯ ——————————————————

22 THU. JUL 22, 2021

○
○
○
○
○
○
○
○
○
○

23 FRI. JUL 23, 2021

○
○
○
○
○
○
○
○
○
○

24 SAT. JUL 24, 2021

25 SUN. JUL 25, 2021

26 MON. JUL 26, 2021 ————————————————

○ ————————————————
○ ————————————————
○ ————————————————
○ ————————————————
○ ————————————————
○ ————————————————
○ ————————————————
○ ————————————————
○ ————————————————
○ ————————————————

27 TUE. JUL 27, 2021 ————————————————

○ ————————————————
○ ————————————————
○ ————————————————
○ ————————————————
○ ————————————————
○ ————————————————
○ ————————————————
○ ————————————————
○ ————————————————
○ ————————————————

28 WED. JUL 28 , 2021 ————————————————

○ ————————————————
○ ————————————————
○ ————————————————
○ ————————————————
○ ————————————————
○ ————————————————
○ ————————————————
○ ————————————————
○ ————————————————
○ ————————————————

29 THU. JUL 29, 2021 ——————————————

○ ——————————
○ ——————————
○ ——————————
○ ——————————
○ ——————————
○ ——————————
○ ——————————
○ ——————————
○ ——————————
○ ——————————

30 FRI. JUL 30, 2021 ——————————————

○ ——————————
○ ——————————
○ ——————————
○ ——————————
○ ——————————
○ ——————————
○ ——————————
○ ——————————
○ ——————————
○ ——————————

31 SAT. JUL 31, 2021   **01** SUN. AUG 1, 2021

August 2021

Sun	Monday	Tuesday	Wednesday
1	2	3	4
8	9	10	11
15	16	17	18
22	23	24	25
29	30	31	

"To live a creative life, we must lose our fear of being wrong."- Anonymous

Thursday 5	Friday 6	Saturday 7	Notes
12	13	14	
19	20	21	
26	27	28	

02   MON. AUG 2, 2021 ——————————————————

————————————————————   ○ ————————————
————————————————————   ○ ————————————
————————————————————   ○ ————————————
————————————————————   ○ ————————————
————————————————————   ○ ————————————
————————————————————   ○ ————————————
————————————————————   ○ ————————————
————————————————————   ○ ————————————
————————————————————   ○ ————————————
————————————————————   ○ ————————————

03   TUE. AUG 3, 2021 ——————————————————

————————————————————   ○ ————————————
————————————————————   ○ ————————————
————————————————————   ○ ————————————
————————————————————   ○ ————————————
————————————————————   ○ ————————————
————————————————————   ○ ————————————
————————————————————   ○ ————————————
————————————————————   ○ ————————————
————————————————————   ○ ————————————
————————————————————   ○ ————————————

04   WED. AUG 4, 2021 ——————————————————

————————————————————   ○ ————————————
————————————————————   ○ ————————————
————————————————————   ○ ————————————
————————————————————   ○ ————————————
————————————————————   ○ ————————————
————————————————————   ○ ————————————
————————————————————   ○ ————————————
————————————————————   ○ ————————————
————————————————————   ○ ————————————
————————————————————   ○ ————————————

05 THU. AUG 5, 2021 ————————————————

———————————————————   ○ ————————————————
———————————————————   ○ ————————————————
———————————————————   ○ ————————————————
———————————————————   ○ ————————————————
———————————————————   ○ ————————————————
———————————————————   ○ ————————————————
———————————————————   ○ ————————————————
———————————————————   ○ ————————————————
———————————————————   ○ ————————————————
———————————————————   ○ ————————————————

06 FRI. AUG 6, 2021 ————————————————

———————————————————   ○ ————————————————
———————————————————   ○ ————————————————
———————————————————   ○ ————————————————
———————————————————   ○ ————————————————
———————————————————   ○ ————————————————
———————————————————   ○ ————————————————
———————————————————   ○ ————————————————
———————————————————   ○ ————————————————
———————————————————   ○ ————————————————
———————————————————   ○ ————————————————

07 SAT. AUG 7, 2021   **08** SUN. AUG 8, 2021

———————————————————   ———————————————————
———————————————————   ———————————————————
———————————————————   ———————————————————
———————————————————   ———————————————————
———————————————————   ———————————————————
———————————————————   ———————————————————
———————————————————   ———————————————————
———————————————————   ———————————————————
———————————————————   ———————————————————

09 MON. AUG 9, 2021 ——————————————————

—————————————————— ○ ——————————————
—————————————————— ○ ——————————————
—————————————————— ○ ——————————————
—————————————————— ○ ——————————————
—————————————————— ○ ——————————————
—————————————————— ○ ——————————————
—————————————————— ○ ——————————————
—————————————————— ○ ——————————————
—————————————————— ○ ——————————————
—————————————————— ○ ——————————————

10 TUE. AUG 10, 2021 ——————————————————

—————————————————— ○ ——————————————
—————————————————— ○ ——————————————
—————————————————— ○ ——————————————
—————————————————— ○ ——————————————
—————————————————— ○ ——————————————
—————————————————— ○ ——————————————
—————————————————— ○ ——————————————
—————————————————— ○ ——————————————
—————————————————— ○ ——————————————
—————————————————— ○ ——————————————

11 WED. AUG 11, 2021 ——————————————————

—————————————————— ○ ——————————————
—————————————————— ○ ——————————————
—————————————————— ○ ——————————————
—————————————————— ○ ——————————————
—————————————————— ○ ——————————————
—————————————————— ○ ——————————————
—————————————————— ○ ——————————————
—————————————————— ○ ——————————————
—————————————————— ○ ——————————————
—————————————————— ○ ——————————————

12 THU. AUG 12, 2021

○
○
○
○
○
○
○
○
○
○

13 FRI. AUG 13, 2021

○
○
○
○
○
○
○
○
○
○

14 SAT. AUG 14, 2021

15 SUN. AUG 15, 2021

16 MON. AUG 16, 2021

17 TUE. AUG 17, 2021

18 WED. AUG 18, 2021

19 THU. AUG 19, 2021

20 FRI. AUG 20, 2021

21 SAT. AUG 21, 2021

22 SUN. AUG 22, 2021

23 MON. AUG 23, 2021 —————————————————————————

_____   ○ ———————————————
_____   ○ ———————————————
_____   ○ ———————————————
_____   ○ ———————————————
_____   ○ ———————————————
_____   ○ ———————————————
_____   ○ ———————————————
_____   ○ ———————————————
_____   ○ ———————————————
_____   ○ ———————————————

24 TUE. AUG 24, 2021 —————————————————————————

_____   ○ ———————————————
_____   ○ ———————————————
_____   ○ ———————————————
_____   ○ ———————————————
_____   ○ ———————————————
_____   ○ ———————————————
_____   ○ ———————————————
_____   ○ ———————————————
_____   ○ ———————————————
_____   ○ ———————————————

25 WED. AUG 25, 2021 —————————————————————————

_____   ○ ———————————————
_____   ○ ———————————————
_____   ○ ———————————————
_____   ○ ———————————————
_____   ○ ———————————————
_____   ○ ———————————————
_____   ○ ———————————————
_____   ○ ———————————————
_____   ○ ———————————————
_____   ○ ———————————————

26 THU. AUG 26, 2021

27 FRI. AUG 27, 2021

28 SAT. AUG 28, 2021

29 SUN. AUG 29 , 2021

30 MON. AUG 30, 2021 —————————————————————

————————————————————————   ○ ————————————————
————————————————————————   ○ ————————————————
————————————————————————   ○ ————————————————
————————————————————————   ○ ————————————————
————————————————————————   ○ ————————————————
————————————————————————   ○ ————————————————
————————————————————————   ○ ————————————————
————————————————————————   ○ ————————————————
————————————————————————   ○ ————————————————
————————————————————————   ○ ————————————————

31 TUE. AUG 31, 2021 —————————————————————

————————————————————————   ○ ————————————————
————————————————————————   ○ ————————————————
————————————————————————   ○ ————————————————
————————————————————————   ○ ————————————————
————————————————————————   ○ ————————————————
————————————————————————   ○ ————————————————
————————————————————————   ○ ————————————————
————————————————————————   ○ ————————————————
————————————————————————   ○ ————————————————
————————————————————————   ○ ————————————————

01 WED. SEP 1, 2021 —————————————————————

————————————————————————   ○ ————————————————
————————————————————————   ○ ————————————————
————————————————————————   ○ ————————————————
————————————————————————   ○ ————————————————
————————————————————————   ○ ————————————————
————————————————————————   ○ ————————————————
————————————————————————   ○ ————————————————
————————————————————————   ○ ————————————————
————————————————————————   ○ ————————————————
————————————————————————   ○ ————————————————

For better month view this paper is left blank.

September 2021

Sunday	Monday	Tuesday	Wednesday
			1
5	6	7	8
12	13	14	15
19	20	21	22
26	27	28	29

"If you are not willing to risk the usual you will have to settle for the ordinary." - Jim Rohn

Thursday 2	Friday 3	Saturday 4	Notes
9	10	11	
16	17	18	
23	24	25	
30			

For better week view this paper is left blank.

02 THU. SEP 2, 2021 —————————

———————————————   ○ ——————————
———————————————   ○ ——————————
———————————————   ○ ——————————
———————————————   ○ ——————————
———————————————   ○ ——————————
———————————————   ○ ——————————
———————————————   ○ ——————————
———————————————   ○ ——————————
———————————————   ○ ——————————
———————————————   ○ ——————————

03 FRI. SEP 3, 2021 —————————

———————————————   ○ ——————————
———————————————   ○ ——————————
———————————————   ○ ——————————
———————————————   ○ ——————————
———————————————   ○ ——————————
———————————————   ○ ——————————
———————————————   ○ ——————————
———————————————   ○ ——————————
———————————————   ○ ——————————
———————————————   ○ ——————————

04 SAT. SEP 4, 2021   **05** SUN. SEP 5 , 2021

——————————————   ——————————————
——————————————   ——————————————
——————————————   ——————————————
——————————————   ——————————————
——————————————   ——————————————
——————————————   ——————————————
——————————————   ——————————————
——————————————   ——————————————

06 MON. SEP 6, 2021 ——————————————

———————————————————   ○ ——————————————
———————————————————   ○ ——————————————
———————————————————   ○ ——————————————
———————————————————   ○ ——————————————
———————————————————   ○ ——————————————
———————————————————   ○ ——————————————
———————————————————   ○ ——————————————
———————————————————   ○ ——————————————
———————————————————   ○ ——————————————
———————————————————   ○ ——————————————

07 TUE. SEP 7, 2021 ——————————————

———————————————————   ○ ——————————————
———————————————————   ○ ——————————————
———————————————————   ○ ——————————————
———————————————————   ○ ——————————————
———————————————————   ○ ——————————————
———————————————————   ○ ——————————————
———————————————————   ○ ——————————————
———————————————————   ○ ——————————————
———————————————————   ○ ——————————————
———————————————————   ○ ——————————————

08 WED. SEP 8, 2021 ——————————————

———————————————————   ○ ——————————————
———————————————————   ○ ——————————————
———————————————————   ○ ——————————————
———————————————————   ○ ——————————————
———————————————————   ○ ——————————————
———————————————————   ○ ——————————————
———————————————————   ○ ——————————————
———————————————————   ○ ——————————————
———————————————————   ○ ——————————————
———————————————————   ○ ——————————————

09 THU. SEP 9, 2021 ————————————

————————————————————   ○ ————————————
————————————————————   ○ ————————————
————————————————————   ○ ————————————
————————————————————   ○ ————————————
————————————————————   ○ ————————————
————————————————————   ○ ————————————
————————————————————   ○ ————————————
————————————————————   ○ ————————————
————————————————————   ○ ————————————
————————————————————   ○ ————————————

10 FRI. SEP 10, 2021 ————————————

————————————————————   ○ ————————————
————————————————————   ○ ————————————
————————————————————   ○ ————————————
————————————————————   ○ ————————————
————————————————————   ○ ————————————
————————————————————   ○ ————————————
————————————————————   ○ ————————————
————————————————————   ○ ————————————
————————————————————   ○ ————————————
————————————————————   ○ ————————————

11 SAT. SEP 11, 2021   **12** SUN. SEP 12, 2021

13 MON. SEP 13, 2021 —————————————————

—————————————————— ○ ———————————————
—————————————————— ○ ———————————————
—————————————————— ○ ———————————————
—————————————————— ○ ———————————————
—————————————————— ○ ———————————————
—————————————————— ○ ———————————————
—————————————————— ○ ———————————————
—————————————————— ○ ———————————————
—————————————————— ○ ———————————————
—————————————————— ○ ———————————————

14 TUE. SEP 14, 2021 —————————————————

—————————————————— ○ ———————————————
—————————————————— ○ ———————————————
—————————————————— ○ ———————————————
—————————————————— ○ ———————————————
—————————————————— ○ ———————————————
—————————————————— ○ ———————————————
—————————————————— ○ ———————————————
—————————————————— ○ ———————————————
—————————————————— ○ ———————————————
—————————————————— ○ ———————————————

15 WED. SEP 15, 2021 —————————————————

—————————————————— ○ ———————————————
—————————————————— ○ ———————————————
—————————————————— ○ ———————————————
—————————————————— ○ ———————————————
—————————————————— ○ ———————————————
—————————————————— ○ ———————————————
—————————————————— ○ ———————————————
—————————————————— ○ ———————————————
—————————————————— ○ ———————————————
—————————————————— ○ ———————————————

16 THU. SEP 16, 2021

○
○
○
○
○
○
○
○
○
○

17 FRI. SEP 17, 2021

○
○
○
○
○
○
○
○
○
○

18 SAT. SEP 18, 2021

19 SUN. SEP 19 , 2021

20 MON. SEP 20, 2021 ————————————————

———————————————————— ○ ————————————————
———————————————————— ○ ————————————————
———————————————————— ○ ————————————————
———————————————————— ○ ————————————————
———————————————————— ○ ————————————————
———————————————————— ○ ————————————————
———————————————————— ○ ————————————————
———————————————————— ○ ————————————————
———————————————————— ○ ————————————————
———————————————————— ○ ————————————————

21 TUE. SEP 21, 2021 ————————————————

———————————————————— ○ ————————————————
———————————————————— ○ ————————————————
———————————————————— ○ ————————————————
———————————————————— ○ ————————————————
———————————————————— ○ ————————————————
———————————————————— ○ ————————————————
———————————————————— ○ ————————————————
———————————————————— ○ ————————————————
———————————————————— ○ ————————————————
———————————————————— ○ ————————————————

22 WED. SEP 22, 2021 ————————————————

———————————————————— ○ ————————————————
———————————————————— ○ ————————————————
———————————————————— ○ ————————————————
———————————————————— ○ ————————————————
———————————————————— ○ ————————————————
———————————————————— ○ ————————————————
———————————————————— ○ ————————————————
———————————————————— ○ ————————————————
———————————————————— ○ ————————————————
———————————————————— ○ ————————————————

23 THU. SEP 23, 2021

○
○
○
○
○
○
○
○
○
○

24 FRI. SEP 24, 2021

○
○
○
○
○
○
○
○
○
○

25 SAT. SEP 25, 2021

26 SUN. SEP 26 , 2021

27 MON. SEP 27, 2021

○
○
○
○
○
○
○
○
○
○

28 TUE. SEP 28, 2021

○
○
○
○
○
○
○
○
○
○

29 WED. SEP 29, 2021

○
○
○
○
○
○
○
○
○
○

30 THU. SEP 30, 2021

○
○
○
○
○
○
○
○
○
○

01 FRI. OCT 1, 2021

○
○
○
○
○
○
○
○
○
○

02 SAT. OCT 2, 2021

03 SUN. OCT 3 , 2021

October **2021**

Sunday	Monday	Tuesday	Wednesday
3	4	5	6
10	11	12	13
17	18	19	20
24 / 31	25	26	27

" Trust because you are willing to accept the risk, not because it's safe or certain."- Anonymous

Thursday	Friday	Saturday	Notes
	1	2	
7	8	9	
14	15	16	
21	22	23	
28	29	30	

04 MON. OCT 4, 2021 ————————————————

———————————————— ○ ————————————————
———————————————— ○ ————————————————
———————————————— ○ ————————————————
———————————————— ○ ————————————————
———————————————— ○ ————————————————
———————————————— ○ ————————————————
———————————————— ○ ————————————————
———————————————— ○ ————————————————
———————————————— ○ ————————————————
———————————————— ○ ————————————————

05 TUE. OCT 5, 2021 ————————————————

———————————————— ○ ————————————————
———————————————— ○ ————————————————
———————————————— ○ ————————————————
———————————————— ○ ————————————————
———————————————— ○ ————————————————
———————————————— ○ ————————————————
———————————————— ○ ————————————————
———————————————— ○ ————————————————
———————————————— ○ ————————————————
———————————————— ○ ————————————————

06 WED. OCT 6, 2021 ————————————————

———————————————— ○ ————————————————
———————————————— ○ ————————————————
———————————————— ○ ————————————————
———————————————— ○ ————————————————
———————————————— ○ ————————————————
———————————————— ○ ————————————————
———————————————— ○ ————————————————
———————————————— ○ ————————————————
———————————————— ○ ————————————————
———————————————— ○ ————————————————

07 THU. OCT 7, 2021 ————————————

○ ————————
○ ————————
○ ————————
○ ————————
○ ————————
○ ————————
○ ————————
○ ————————
○ ————————
○ ————————

08 FRI. OCT 8, 2021 ————————————

○ ————————
○ ————————
○ ————————
○ ————————
○ ————————
○ ————————
○ ————————
○ ————————
○ ————————
○ ————————

09 SAT. OCT 9, 2021

10 SUN. OCT 10, 2021

11 MON. OCT 11, 2021

○
○
○
○
○
○
○
○
○
○

12 TUE. OCT 12, 2021

○
○
○
○
○
○
○
○
○
○

13 WED. OCT 13, 2021

○
○
○
○
○
○
○
○
○
○

14 THU. OCT 14, 2021 —————————————————

- ○ ————————————
- ○ ————————————
- ○ ————————————
- ○ ————————————
- ○ ————————————
- ○ ————————————
- ○ ————————————
- ○ ————————————
- ○ ————————————
- ○ ————————————

15 FRI. OCT 15, 2021 —————————————————

- ○ ————————————
- ○ ————————————
- ○ ————————————
- ○ ————————————
- ○ ————————————
- ○ ————————————
- ○ ————————————
- ○ ————————————
- ○ ————————————
- ○ ————————————

16 SAT. OCT 16, 2021

17 SUN. OCT 17, 2021

18 MON. OCT 18, 2021 ————————————————————

○ ————————————————————
○ ————————————————————
○ ————————————————————
○ ————————————————————
○ ————————————————————
○ ————————————————————
○ ————————————————————
○ ————————————————————
○ ————————————————————
○ ————————————————————

19 TUE. OCT 19, 2021 ————————————————————

○ ————————————————————
○ ————————————————————
○ ————————————————————
○ ————————————————————
○ ————————————————————
○ ————————————————————
○ ————————————————————
○ ————————————————————
○ ————————————————————
○ ————————————————————

20 WED. OCT 20, 2021 ————————————————————

○ ————————————————————
○ ————————————————————
○ ————————————————————
○ ————————————————————
○ ————————————————————
○ ————————————————————
○ ————————————————————
○ ————————————————————
○ ————————————————————
○ ————————————————————

21 THU. OCT 21, 2021

22 FRI. OCT 22, 2021

23 SAT. OCT 23, 2021

24 SUN. OCT 24, 2021

25 MON. OCT 25, 2021 ——————————————

○ ——————————————
○ ——————————————
○ ——————————————
○ ——————————————
○ ——————————————
○ ——————————————
○ ——————————————
○ ——————————————
○ ——————————————
○ ——————————————

26 TUE. OCT 26, 2021 ——————————————

○ ——————————————
○ ——————————————
○ ——————————————
○ ——————————————
○ ——————————————
○ ——————————————
○ ——————————————
○ ——————————————
○ ——————————————
○ ——————————————

27 WED. OCT 27, 2021 ——————————————

○ ——————————————
○ ——————————————
○ ——————————————
○ ——————————————
○ ——————————————
○ ——————————————
○ ——————————————
○ ——————————————
○ ——————————————
○ ——————————————

28 THU. OCT 28, 2021 ────────────────────────

                 ○ ────────
                 ○ ────────
                 ○ ────────
                 ○ ────────
                 ○ ────────
                 ○ ────────
                 ○ ────────
                 ○ ────────
                 ○ ────────
                 ○ ────────

29 FRI. OCT 29, 2021 ────────────────────────

                 ○ ────────
                 ○ ────────
                 ○ ────────
                 ○ ────────
                 ○ ────────
                 ○ ────────
                 ○ ────────
                 ○ ────────
                 ○ ────────
                 ○ ────────

30 SAT. OCT 30, 2021   **31** SUN. OCT 31, 2021

November 2021

Sun	Monday	Tuesday	Wednesday
	1	2	3
7	8	9	10
14	15	16	17
21	22	23	24
28	29	30	

" All our dreams can come true if we have the courage to pursue them."- Anonymous

Thursday 4	Friday 5	Saturday 6
11	12	13
18	19	20
25	26	27

Notes

01 MON. NOV 1, 2021 ———————————————

————————————————————— ○ —————————————————
————————————————————— ○ —————————————————
————————————————————— ○ —————————————————
————————————————————— ○ —————————————————
————————————————————— ○ —————————————————
————————————————————— ○ —————————————————
————————————————————— ○ —————————————————
————————————————————— ○ —————————————————
————————————————————— ○ —————————————————
————————————————————— ○ —————————————————

02 TUE. NOV 2, 2021 ———————————————

————————————————————— ○ —————————————————
————————————————————— ○ —————————————————
————————————————————— ○ —————————————————
————————————————————— ○ —————————————————
————————————————————— ○ —————————————————
————————————————————— ○ —————————————————
————————————————————— ○ —————————————————
————————————————————— ○ —————————————————
————————————————————— ○ —————————————————
————————————————————— ○ —————————————————

03 WED. NOV 3, 2021 ———————————————

————————————————————— ○ —————————————————
————————————————————— ○ —————————————————
————————————————————— ○ —————————————————
————————————————————— ○ —————————————————
————————————————————— ○ —————————————————
————————————————————— ○ —————————————————
————————————————————— ○ —————————————————
————————————————————— ○ —————————————————
————————————————————— ○ —————————————————
————————————————————— ○ —————————————————

04 THU. NOV 4, 2021

○
○
○
○
○
○
○
○
○
○

05 FRI. NOV 5, 2021

○
○
○
○
○
○
○
○
○
○

06 SAT. NOV 6, 2021

07 SUN. NOV 7, 2021

08 MON. NOV 8, 2021

○
○
○
○
○
○
○
○
○
○

09 TUE. NOV 9, 2021

○
○
○
○
○
○
○
○
○
○

10 WED. NOV 10, 2021

○
○
○
○
○
○
○
○
○
○

1 THU. NOV 11, 2021 ————————————

○ ————————————
○ ————————————
○ ————————————
○ ————————————
○ ————————————
○ ————————————
○ ————————————
○ ————————————
○ ————————————
○ ————————————

12 FRI. NOV 12, 2021 ————————————

○ ————————————
○ ————————————
○ ————————————
○ ————————————
○ ————————————
○ ————————————
○ ————————————
○ ————————————
○ ————————————
○ ————————————

13 SAT. NOV 13, 2021   **14** SUN. NOV 14, 2021

15 MON. NOV 15, 2021

○
○
○
○
○
○
○
○
○
○

16 TUE. NOV 16, 2021

○
○
○
○
○
○
○
○
○
○

17 WED. NOV 17, 2021

○
○
○
○
○
○
○
○
○
○

18 THU. NOV 18, 2021 ——————————————

————————————————————   ○ ————————————————
————————————————————   ○ ————————————————
————————————————————   ○ ————————————————
————————————————————   ○ ————————————————
————————————————————   ○ ————————————————
————————————————————   ○ ————————————————
————————————————————   ○ ————————————————
————————————————————   ○ ————————————————
————————————————————   ○ ————————————————
————————————————————   ○ ————————————————

19 FRI. NOV 19, 2021 ——————————————

————————————————————   ○ ————————————————
————————————————————   ○ ————————————————
————————————————————   ○ ————————————————
————————————————————   ○ ————————————————
————————————————————   ○ ————————————————
————————————————————   ○ ————————————————
————————————————————   ○ ————————————————
————————————————————   ○ ————————————————
————————————————————   ○ ————————————————
————————————————————   ○ ————————————————

20 SAT. NOV 20, 2021   **21** SUN. NOV 21, 2021

————————————————————   ————————————————————
————————————————————   ————————————————————
————————————————————   ————————————————————
————————————————————   ————————————————————
————————————————————   ————————————————————
————————————————————   ————————————————————
————————————————————   ————————————————————
————————————————————   ————————————————————
————————————————————   ————————————————————

22 MON. NOV 22, 2021 ——————————————

——————————— ○ ———————————
——————————— ○ ———————————
——————————— ○ ———————————
——————————— ○ ———————————
——————————— ○ ———————————
——————————— ○ ———————————
——————————— ○ ———————————
——————————— ○ ———————————
——————————— ○ ———————————
——————————— ○ ———————————

23 TUE. NOV 23, 2021 ——————————————

——————————— ○ ———————————
——————————— ○ ———————————
——————————— ○ ———————————
——————————— ○ ———————————
——————————— ○ ———————————
——————————— ○ ———————————
——————————— ○ ———————————
——————————— ○ ———————————
——————————— ○ ———————————
——————————— ○ ———————————

24 WED. NOV 24, 2021 ——————————————

——————————— ○ ———————————
——————————— ○ ———————————
——————————— ○ ———————————
——————————— ○ ———————————
——————————— ○ ———————————
——————————— ○ ———————————
——————————— ○ ———————————
——————————— ○ ———————————
——————————— ○ ———————————
——————————— ○ ———————————

25 THU. NOV 25, 2021 ————————————————

————————————————— ○ ———————
————————————————— ○ ———————
————————————————— ○ ———————
————————————————— ○ ———————
————————————————— ○ ———————
————————————————— ○ ———————
————————————————— ○ ———————
————————————————— ○ ———————
————————————————— ○ ———————
————————————————— ○ ———————

26 FRI. NOV 26, 2021 ————————————————

————————————————— ○ ———————
————————————————— ○ ———————
————————————————— ○ ———————
————————————————— ○ ———————
————————————————— ○ ———————
————————————————— ○ ———————
————————————————— ○ ———————
————————————————— ○ ———————
————————————————— ○ ———————
————————————————— ○

27 SAT. NOV 27, 2021   **28** SUN. NOV 28, 2021

29 MON. NOV 29, 2021 ——————————————

○ ————————————
○ ————————————
○ ————————————
○ ————————————
○ ————————————
○ ————————————
○ ————————————
○ ————————————
○ ————————————
○ ————————————

30 TUE. NOV 30, 2021 ——————————————

○ ————————————
○ ————————————
○ ————————————
○ ————————————
○ ————————————
○ ————————————
○ ————————————
○ ————————————
○ ————————————
○ ————————————

01 WED. DEC 1, 2021 ——————————————

○ ————————————
○ ————————————
○ ————————————
○ ————————————
○ ————————————
○ ————————————
○ ————————————
○ ————————————
○ ————————————
○ ————————————

For better month view this paper is left blank.

December 2021

Sunday	Monday	Tuesday	Wednesday
			1
5	6	7	8
12	13	14	15
19	20	21	22
26	27	28	29

" Success is walking from failure to failure with no loss of enthusiasm."- Winston Churchill

Thursday 2	Friday 3	Saturday 4
9	10	11
16	17	18
23	24	25
30	31	

Notes

_____
_____
_____
_____
_____
_____
_____
_____
_____
_____
_____
_____
_____
_____
_____
_____
_____
_____
_____
_____
_____
_____

For better week view this paper is left blank.

02 THU. DEC 2, 2021

- ○
- ○
- ○
- ○
- ○
- ○
- ○
- ○
- ○
- ○

03 FRI. DEC 3, 2021

- ○
- ○
- ○
- ○
- ○
- ○
- ○
- ○
- ○
- ○

04 SAT. DEC 4, 2021

05 SUN. DEC 5 , 2021

06 MON. DEC 6, 2021

○
○
○
○
○
○
○
○
○
○

07 TUE. DEC 7, 2021

○
○
○
○
○
○
○
○
○
○

08 WED. DEC 8, 2021

○
○
○
○
○
○
○
○
○
○

9 THU. DEC 9, 2021 ——————

○ ——————
○ ——————
○ ——————
○ ——————
○ ——————
○ ——————
○ ——————
○ ——————
○ ——————
○ ——————

0 FRI. DEC 10, 2021 ——————

○ ——————
○ ——————
○ ——————
○ ——————
○ ——————
○ ——————
○ ——————
○ ——————
○ ——————
○ ——————

11 SAT. DEC 11, 2021

12 SUN. DEC 12, 2021

13   **MON. DEC 13, 2021**

_____ ○ _____
_____ ○ _____
_____ ○ _____
_____ ○ _____
_____ ○ _____
_____ ○ _____
_____ ○ _____
_____ ○ _____
_____ ○ _____
_____ ○ _____

14   **TUE. DEC 14, 2021**

_____ ○ _____
_____ ○ _____
_____ ○ _____
_____ ○ _____
_____ ○ _____
_____ ○ _____
_____ ○ _____
_____ ○ _____
_____ ○ _____
_____ ○ _____

15   **WED. DEC 15, 2021**

_____ ○ _____
_____ ○ _____
_____ ○ _____
_____ ○ _____
_____ ○ _____
_____ ○ _____
_____ ○ _____
_____ ○ _____
_____ ○ _____
_____ ○ _____

16 THU. DEC 16, 2021 ——————————

○ ————————
○ ————————
○ ————————
○ ————————
○ ————————
○ ————————
○ ————————
○ ————————
○ ————————
○ ————————

17 FRI. DEC 17, 2021 ——————————

○ ————————
○ ————————
○ ————————
○ ————————
○ ————————
○ ————————
○ ————————
○ ————————
○ ————————
○ ————————

18 SAT. DEC 18, 2021

19 SUN. DEC 19 , 2021

20 MON. DEC 20, 2021 ⎯⎯⎯⎯⎯⎯⎯⎯⎯⎯⎯⎯⎯⎯⎯⎯

21 TUE. DEC 21, 2021 ⎯⎯⎯⎯⎯⎯⎯⎯⎯⎯⎯⎯⎯⎯⎯

22 WED. DEC 22, 2021 ⎯⎯⎯⎯⎯⎯⎯⎯⎯⎯⎯⎯⎯⎯

23 THU. DEC 23, 2021

○
○
○
○
○
○
○
○
○
○

24 FRI. DEC 24, 2021

○
○
○
○
○
○
○
○
○
○

25 SAT. DEC 25, 2021

26 SUN. DEC 26 , 2021

27 MON. DEC 27, 2021 —————————————————————

————————————————————— ○ —————————————————
————————————————————— ○ —————————————————
————————————————————— ○ —————————————————
————————————————————— ○ —————————————————
————————————————————— ○ —————————————————
————————————————————— ○ —————————————————
————————————————————— ○ —————————————————
————————————————————— ○ —————————————————
————————————————————— ○ —————————————————
————————————————————— ○ —————————————————

28 TUE. DEC 28, 2021 —————————————————————

————————————————————— ○ —————————————————
————————————————————— ○ —————————————————
————————————————————— ○ —————————————————
————————————————————— ○ —————————————————
————————————————————— ○ —————————————————
————————————————————— ○ —————————————————
————————————————————— ○ —————————————————
————————————————————— ○ —————————————————
————————————————————— ○ —————————————————
————————————————————— ○ —————————————————

29 WED. DEC 29, 2021 —————————————————————

————————————————————— ○ —————————————————
————————————————————— ○ —————————————————
————————————————————— ○ —————————————————
————————————————————— ○ —————————————————
————————————————————— ○ —————————————————
————————————————————— ○ —————————————————
————————————————————— ○ —————————————————
————————————————————— ○ —————————————————
————————————————————— ○ —————————————————
————————————————————— ○ —————————————————

30 THU. DEC 30, 2021

○
○
○
○
○
○
○
○
○
○

31 FRI. DEC 31, 2021

○
○
○
○
○
○
○
○
○
○

01 SAT. JAN 1, 2022

02 SUN. JAN 2 , 2022

January 2022

Sunday	Monday	Tuesday	Wednesday
2	3	4	5
9	10	11	12
16	17	18	19
23 30	24 31	25	26

" Just when the caterpillar thought the world was ending, he turned into a butterfly."- Proverb

Thursday	Friday	Saturday
		1
6	7	8
13	14	15
20	21	22
27	28	29

Notes

03 MON. JAN 3, 2022

○
○
○
○
○
○
○
○
○
○

04 TUE. JAN 4, 2022

○
○
○
○
○
○
○
○
○
○

05 WED. JAN 5, 2022

○
○
○
○
○
○
○
○
○
○

06 THU. JAN 6, 2022 —————————

○ ————————
○ ————————
○ ————————
○ ————————
○ ————————
○ ————————
○ ————————
○ ————————
○ ————————
○ ————————

07 FRI. JAN 7, 2022 —————————

○ ————————
○ ————————
○ ————————
○ ————————
○ ————————
○ ————————
○ ————————
○ ————————
○ ————————
○ ————————

08 SAT. JAN 8, 2022

09 SUN. JAN 9, 2022

10 MON. JAN 10, 2022

○
○
○
○
○
○
○
○
○
○

11 TUE. JAN 11, 2022

○
○
○
○
○
○
○
○
○
○

12 WED. JAN 12, 2022

○
○
○
○
○
○
○
○
○
○

13 THU. JAN 13, 2022 ——————————————

○ ——————————————
○ ——————————————
○ ——————————————
○ ——————————————
○ ——————————————
○ ——————————————
○ ——————————————
○ ——————————————
○ ——————————————
○ ——————————————

14 FRI. JAN 14, 2022 ——————————————

○ ——————————————
○ ——————————————
○ ——————————————
○ ——————————————
○ ——————————————
○ ——————————————
○ ——————————————
○ ——————————————
○ ——————————————
○ ——————————————

15 SAT. JAN 15, 2022

16 SUN. JAN 16, 2022

17   **MON. JAN 17, 2022** ——————————————————

———————————————— ○ ——————————————
———————————————— ○ ——————————————
———————————————— ○ ——————————————
———————————————— ○ ——————————————
———————————————— ○ ——————————————
———————————————— ○ ——————————————
———————————————— ○ ——————————————
———————————————— ○ ——————————————
———————————————— ○ ——————————————
———————————————— ○ ——————————————

18   **TUE. JAN 18, 2022** ——————————————————

———————————————— ○ ——————————————
———————————————— ○ ——————————————
———————————————— ○ ——————————————
———————————————— ○ ——————————————
———————————————— ○ ——————————————
———————————————— ○ ——————————————
———————————————— ○ ——————————————
———————————————— ○ ——————————————
———————————————— ○ ——————————————
———————————————— ○ ——————————————

19   **WED. JAN 19, 2022** ——————————————————

———————————————— ○ ——————————————
———————————————— ○ ——————————————
———————————————— ○ ——————————————
———————————————— ○ ——————————————
———————————————— ○ ——————————————
———————————————— ○ ——————————————
———————————————— ○ ——————————————
———————————————— ○ ——————————————
———————————————— ○ ——————————————
———————————————— ○ ——————————————

20 THU. JAN 20, 2022 ————————————————

○ ————————————————
○ ————————————————
○ ————————————————
○ ————————————————
○ ————————————————
○ ————————————————
○ ————————————————
○ ————————————————
○ ————————————————
○ ————————————————

21 FRI. JAN 21, 2022 ————————————————

○ ————————————————
○ ————————————————
○ ————————————————
○ ————————————————
○ ————————————————
○ ————————————————
○ ————————————————
○ ————————————————
○ ————————————————
○ ————————————————

22 SAT. JAN 22, 2022   **23** SUN. JAN 23, 2022

24 MON. JAN 24, 2022 ——————————————————

——————————————— ⃝ ———————————
——————————————— ⃝ ———————————
——————————————— ⃝ ———————————
——————————————— ⃝ ———————————
——————————————— ⃝ ———————————
——————————————— ⃝ ———————————
——————————————— ⃝ ———————————
——————————————— ⃝ ———————————
——————————————— ⃝ ———————————
——————————————— ⃝ ———————————

25 TUE. JAN 25, 2022 ——————————————————

——————————————— ⃝ ———————————
——————————————— ⃝ ———————————
——————————————— ⃝ ———————————
——————————————— ⃝ ———————————
——————————————— ⃝ ———————————
——————————————— ⃝ ———————————
——————————————— ⃝ ———————————
——————————————— ⃝ ———————————
——————————————— ⃝ ———————————
——————————————— ⃝ ———————————

26 WED. JAN 26, 2022 ——————————————————

——————————————— ⃝ ———————————
——————————————— ⃝ ———————————
——————————————— ⃝ ———————————
——————————————— ⃝ ———————————
——————————————— ⃝ ———————————
——————————————— ⃝ ———————————
——————————————— ⃝ ———————————
——————————————— ⃝ ———————————
——————————————— ⃝ ———————————
——————————————— ⃝ ———————————

27 THU. JAN 27, 2022

○
○
○
○
○
○
○
○
○
○

28 FRI. JAN 28, 2022

○
○
○
○
○
○
○
○
○
○

29 SAT. JAN 29, 2022

30 SUN. JAN 30, 2022

February 2022

Sunday	Monday	Tuesday	Wednesday
		1	2
6	7	8	9
13	14	15	16
20	21	22	23
27	28		

" Successful entrepreneurs are givers and not takers of positive energy."- Anonymous

hursday	Friday 4	Saturday 5
0	11	12
7	18	19
24	25	26

Notes

_____
_____
_____
_____
_____
_____
_____
_____
_____
_____
_____
_____
_____
_____
_____
_____
_____
_____
_____
_____
_____
_____
_____
_____

31 MON. JAN 31, 2022

_____   ○ _____
_____   ○ _____
_____   ○ _____
_____   ○ _____
_____   ○ _____
_____   ○ _____
_____   ○ _____
_____   ○ _____
_____   ○ _____
_____   ○ _____

01 TUE. FEB 1, 2022

_____   ○ _____
_____   ○ _____
_____   ○ _____
_____   ○ _____
_____   ○ _____
_____   ○ _____
_____   ○ _____
_____   ○ _____
_____   ○ _____
_____   ○ _____

02 WED. FEB 2, 2022

_____   ○ _____
_____   ○ _____
_____   ○ _____
_____   ○ _____
_____   ○ _____
_____   ○ _____
_____   ○ _____
_____   ○ _____
_____   ○ _____
_____   ○ _____

03 THU. FEB 3, 2022 —————————————————

———————————————————— ○ ——————————————————
———————————————————— ○ ——————————————————
———————————————————— ○ ——————————————————
———————————————————— ○ ——————————————————
———————————————————— ○ ——————————————————
———————————————————— ○ ——————————————————
———————————————————— ○ ——————————————————
———————————————————— ○ ——————————————————
———————————————————— ○ ——————————————————
———————————————————— ○ ——————————————————

04 FRI. FEB 4, 2022 —————————————————

———————————————————— ○ ——————————————————
———————————————————— ○ ——————————————————
———————————————————— ○ ——————————————————
———————————————————— ○ ——————————————————
———————————————————— ○ ——————————————————
———————————————————— ○ ——————————————————
———————————————————— ○ ——————————————————
———————————————————— ○ ——————————————————
———————————————————— ○ ——————————————————
———————————————————— ○ ——————————————————

05 SAT. FEB 5, 2022   **06** SUN. FEB 6, 2022

————————————————————   ————————————————————
————————————————————   ————————————————————
————————————————————   ————————————————————
————————————————————   ————————————————————
————————————————————   ————————————————————
————————————————————   ————————————————————
————————————————————   ————————————————————
————————————————————   ————————————————————
————————————————————   ————————————————————
————————————————————   ————————————————————

07 MON. FEB 7, 2022

08 TUE. FEB 8, 2022

09 WED. FEB 9, 2022

10 THU. FEB 10, 2022

○
○
○
○
○
○
○
○
○
○

11 FRI. FEB 11, 2022

○
○
○
○
○
○
○
○
○
○

12 SAT. FEB 12, 2022

13 SUN. FEB 13, 2022

14 MON. FEB 14, 2022

○
○
○
○
○
○
○
○
○
○

15 TUE. FEB 15, 2022

○
○
○
○
○
○
○
○
○
○

16 WED. FEB 16, 2022

○
○
○
○
○
○
○
○
○
○

7 THU. FEB 17, 2022 —————————————

———————————————————— ○ —————————————
———————————————————— ○ —————————————
———————————————————— ○ —————————————
———————————————————— ○ —————————————
———————————————————— ○ —————————————
———————————————————— ○ —————————————
———————————————————— ○ —————————————
———————————————————— ○ —————————————
———————————————————— ○ —————————————
———————————————————— ○ —————————————

8 FRI. FEB 18, 2022 —————————————

———————————————————— ○ —————————————
———————————————————— ○ —————————————
———————————————————— ○ —————————————
———————————————————— ○ —————————————
———————————————————— ○ —————————————
———————————————————— ○ —————————————
———————————————————— ○ —————————————
———————————————————— ○ —————————————
———————————————————— ○ —————————————
———————————————————— ○ —————————————

9 SAT. FEB 19, 2022   **20** SUN. FEB 20, 2022

21 MON. FEB 21, 2022 —————————————————

_____   ○ —————————————————
_____   ○ —————————————————
_____   ○ —————————————————
_____   ○ —————————————————
_____   ○ —————————————————
_____   ○ —————————————————
_____   ○ —————————————————
_____   ○ —————————————————
_____   ○ —————————————————
_____   ○ —————————————————

22 TUE. FEB 22, 2022 —————————————————

_____   ○ —————————————————
_____   ○ —————————————————
_____   ○ —————————————————
_____   ○ —————————————————
_____   ○ —————————————————
_____   ○ —————————————————
_____   ○ —————————————————
_____   ○ —————————————————
_____   ○ —————————————————
_____   ○ —————————————————

23 WED. FEB 23, 2022 —————————————————

_____   ○ —————————————————
_____   ○ —————————————————
_____   ○ —————————————————
_____   ○ —————————————————
_____   ○ —————————————————
_____   ○ —————————————————
_____   ○ —————————————————
_____   ○ —————————————————
_____   ○ —————————————————
_____   ○ —————————————————

24 THU. FEB 24, 2022 ———————————

○ ———————————
○ ———————————
○ ———————————
○ ———————————
○ ———————————
○ ———————————
○ ———————————
○ ———————————
○ ———————————
○ ———————————

25 FRI. FEB 25, 2022 ———————————

○ ———————————
○ ———————————
○ ———————————
○ ———————————
○ ———————————
○ ———————————
○ ———————————
○ ———————————
○ ———————————
○ ———————————

26 SAT. FEB 26, 2022

27 SUN. FEB 27, 2022

28 MON. FEB 28, 2022 ——————————————

○ ————————————
○ ————————————
○ ————————————
○ ————————————
○ ————————————
○ ————————————
○ ————————————
○ ————————————
○ ————————————
○ ————————————

01 TUE. MAR 1, 2022 ——————————————

○ ————————————
○ ————————————
○ ————————————
○ ————————————
○ ————————————
○ ————————————
○ ————————————
○ ————————————
○ ————————————
○ ————————————

02 WED. MAR 2, 2022 ——————————————

○ ————————————
○ ————————————
○ ————————————
○ ————————————
○ ————————————
○ ————————————
○ ————————————
○ ————————————
○ ————————————
○ ————————————

For better month view this paper is left blank.

March 2022

Sunday	Monday	Tuesday	Wednesday
		1	2
6	7	8	9
13	14	15	16
20	21	22	23
27	28	29	30

Vhenever you see a successful person you only see the public glories, never the private sacrifices to reach them."- Vaibhav Shah

hursday	Friday	Saturday	Notes
	4	5	
0	11	12	
7	18	19	
24	25	26	
31			

For better week view this paper is left blank.

03 THU. MAR 3, 2022

- ○
- ○
- ○
- ○
- ○
- ○
- ○
- ○
- ○
- ○

04 FRI. MAR 4, 2022

- ○
- ○
- ○
- ○
- ○
- ○
- ○
- ○
- ○
- ○

05 SAT. MAR 5, 2022

06 SUN. MAR 6, 2022

07 MON. MAR 7, 2022

○
○
○
○
○
○
○
○
○
○

08 TUE. MAR 8, 2022

○
○
○
○
○
○
○
○
○
○

09 WED. MAR 9, 2022

○
○
○
○
○
○
○
○
○
○

10 THU. MAR 10, 2022 ————————————

○ ————————————
○ ————————————
○ ————————————
○ ————————————
○ ————————————
○ ————————————
○ ————————————
○ ————————————
○ ————————————
○ ————————————

11 FRI. MAR 11, 2022 ————————————

○ ————————————
○ ————————————
○ ————————————
○ ————————————
○ ————————————
○ ————————————
○ ————————————
○ ————————————
○ ————————————
○ ————————————

12 SAT. MAR 12, 2022

13 SUN. MAR 13, 2022

14 MON. MAR 14, 2022

○
○
○
○
○
○
○
○
○
○

15 TUE. MAR 15, 2022

○
○
○
○
○
○
○
○
○
○

16 WED. MAR 16, 2022

○
○
○
○
○
○
○
○
○
○

7 THU. MAR 17, 2022 —————————————————————

◯ —————————————————
◯ —————————————————
◯ —————————————————
◯ —————————————————
◯ —————————————————
◯ —————————————————
◯ —————————————————
◯ —————————————————
◯ —————————————————
◯ —————————————————

8 FRI. MAR 18, 2022 —————————————————————

◯ —————————————————
◯ —————————————————
◯ —————————————————
◯ —————————————————
◯ —————————————————
◯ —————————————————
◯ —————————————————
◯ —————————————————
◯ —————————————————
◯ —————————————————

9 SAT. MAR 19, 2022   **20** SUN. MAR 20, 2022

21 MON. MAR 21, 2022 ————————————————————

_____   ○ _____
_____   ○ _____
_____   ○ _____
_____   ○ _____
_____   ○ _____
_____   ○ _____
_____   ○ _____
_____   ○ _____
_____   ○ _____
_____   ○ _____

22 TUE. MAR 22, 2022 ————————————————————

_____   ○ _____
_____   ○ _____
_____   ○ _____
_____   ○ _____
_____   ○ _____
_____   ○ _____
_____   ○ _____
_____   ○ _____
_____   ○ _____
_____   ○ _____

23 WED. MAR 23, 2022 ————————————————————

_____   ○ _____
_____   ○ _____
_____   ○ _____
_____   ○ _____
_____   ○ _____
_____   ○ _____
_____   ○ _____
_____   ○ _____
_____   ○ _____
_____   ○ _____

24 THU. MAR 24, 2022 ———————————————

○ ————————
○ ————————
○ ————————
○ ————————
○ ————————
○ ————————
○ ————————
○ ————————
○ ————————
○ ————————

25 FRI. MAR 25, 2022 ———————————————

○ ————————
○ ————————
○ ————————
○ ————————
○ ————————
○ ————————
○ ————————
○ ————————
○ ————————
○ ————————

26 SAT. MAR 26, 2022   **27** SUN. MAR 27, 2022

28   **MON. MAR 28, 2022** ——————————————————

○ ————————————————
○ ————————————————
○ ————————————————
○ ————————————————
○ ————————————————
○ ————————————————
○ ————————————————
○ ————————————————
○ ————————————————
○ ————————————————

29   **TUE. MAR 29, 2022** ——————————————————

○ ————————————————
○ ————————————————
○ ————————————————
○ ————————————————
○ ————————————————
○ ————————————————
○ ————————————————
○ ————————————————
○ ————————————————
○ ————————————————

30   **WED. MAR 30, 2022** ——————————————————

○ ————————————————
○ ————————————————
○ ————————————————
○ ————————————————
○ ————————————————
○ ————————————————
○ ————————————————
○ ————————————————
○ ————————————————
○ ————————————————

31 THU. MAR 31, 2022 —————————————————

———————————————————— ○ ——————————————
———————————————————— ○ ——————————————
———————————————————— ○ ——————————————
———————————————————— ○ ——————————————
———————————————————— ○ ——————————————
———————————————————— ○ ——————————————
———————————————————— ○ ——————————————
———————————————————— ○ ——————————————
———————————————————— ○ ——————————————
———————————————————— ○ ——————————————

01 FRI. APR 1, 2022 —————————————————

———————————————————— ○ ——————————————
———————————————————— ○ ——————————————
———————————————————— ○ ——————————————
———————————————————— ○ ——————————————
———————————————————— ○ ——————————————
———————————————————— ○ ——————————————
———————————————————— ○ ——————————————
———————————————————— ○ ——————————————
———————————————————— ○ ——————————————
———————————————————— ○ ——————————————

02 SAT. APR 2, 2022   **03** SUN. APR 3, 2022

April 2022

Sunday	Monday	Tuesday	Wednesday
3	4	5	6
10	11	12	13
17	18	19	20
24	25	26	27

" Opportunities don't happen, you create them."- Chris Grosser

hursday	Friday	Saturday
	1	2
	8	9
4	15	16
21	22	23
28	29	30

Notes

_____
_____
_____
_____
_____
_____
_____
_____
_____
_____
_____
_____
_____
_____
_____
_____
_____
_____
_____
_____
_____
_____
_____
_____

04 MON. APR 4, 2022

○
○
○
○
○
○
○
○
○
○

05 TUE. APR 5, 2022

○
○
○
○
○
○
○
○
○
○

06 WED. APR 6, 2022

○
○
○
○
○
○
○
○
○
○

07 THU. APR 7, 2022 ——————————————

○ ————————————
○ ————————————
○ ————————————
○ ————————————
○ ————————————
○ ————————————
○ ————————————
○ ————————————
○ ————————————
○ ————————————

08 FRI. APR 8, 2022 ——————————————

○ ————————————
○ ————————————
○ ————————————
○ ————————————
○ ————————————
○ ————————————
○ ————————————
○ ————————————
○ ————————————
○ ————————————

09 SAT. APR 9, 2022

10 SUN. APR 10, 2022

11 MON. APR 11, 2022

- ○
- ○
- ○
- ○
- ○
- ○
- ○
- ○
- ○
- ○

12 TUE. APR 12, 2022

- ○
- ○
- ○
- ○
- ○
- ○
- ○
- ○
- ○
- ○

13 WED. APR 13, 2022

- ○
- ○
- ○
- ○
- ○
- ○
- ○
- ○
- ○
- ○

14 THU. APR 14, 2022 ——————————

○ ——————————
○ ——————————
○ ——————————
○ ——————————
○ ——————————
○ ——————————
○ ——————————
○ ——————————
○ ——————————
○ ——————————

15 FRI. APR 15, 2022 ——————————

○ ——————————
○ ——————————
○ ——————————
○ ——————————
○ ——————————
○ ——————————
○ ——————————
○ ——————————
○ ——————————
○ ——————————

16 SAT. APR 16, 2022   **17** SUN. APR 17, 2022

18 MON. APR 18, 2022 ————————————

○ ————————
○ ————————
○ ————————
○ ————————
○ ————————
○ ————————
○ ————————
○ ————————
○ ————————
○ ————————

19 TUE. APR 19, 2022 ————————————

○ ————————
○ ————————
○ ————————
○ ————————
○ ————————
○ ————————
○ ————————
○ ————————
○ ————————
○ ————————

20 WED. APR 20, 2022 ————————————

○ ————————
○ ————————
○ ————————
○ ————————
○ ————————
○ ————————
○ ————————
○ ————————
○ ————————
○ ————————

1 THU. APR 21, 2022 ——————————

——————————————   ○ ——————————————
——————————————   ○ ——————————————
——————————————   ○ ——————————————
——————————————   ○ ——————————————
——————————————   ○ ——————————————
——————————————   ○ ——————————————
——————————————   ○ ——————————————
——————————————   ○ ——————————————
——————————————   ○ ——————————————
——————————————   ○ ——————————————

2 FRI. APR 22, 2022 ——————————

——————————————   ○ ——————————————
——————————————   ○ ——————————————
——————————————   ○ ——————————————
——————————————   ○ ——————————————
——————————————   ○ ——————————————
——————————————   ○ ——————————————
——————————————   ○ ——————————————
——————————————   ○ ——————————————
——————————————   ○ ——————————————
——————————————   ○ ——————————————

23 SAT. APR 23, 2022   **24** SUN. APR 24, 2022

——————————————   ——————————————
——————————————   ——————————————
——————————————   ——————————————
——————————————   ——————————————
——————————————   ——————————————
——————————————   ——————————————
——————————————   ——————————————
——————————————   ——————————————
——————————————   ——————————————

25 MON. APR 25, 2022 —————————————————————

○ ————————————
○ ————————————
○ ————————————
○ ————————————
○ ————————————
○ ————————————
○ ————————————
○ ————————————
○ ————————————
○ ————————————

26 TUE. APR 26, 2022 —————————————————————

○ ————————————
○ ————————————
○ ————————————
○ ————————————
○ ————————————
○ ————————————
○ ————————————
○ ————————————
○ ————————————
○ ————————————

27 WED. APR 27, 2022 —————————————————————

○ ————————————
○ ————————————
○ ————————————
○ ————————————
○ ————————————
○ ————————————
○ ————————————
○ ————————————
○ ————————————
○ ————————————

28 THU. APR 28, 2022

○
○
○
○
○
○
○
○
○
○

29 FRI. APR 29, 2022

○
○
○
○
○
○
○
○
○
○

30 SAT. APR 30, 2022

01 SUN. MAY 1, 2022

May 2022

Sun	Monday	Tuesday	Wednesday
1	2	3	4
8	9	10	11
15	16	17	18
22	23	24	25
29	30	31	

" Try not to become a person of success, but rather try to become a person of value."- Albert Einstein

hursday	Friday 6	Saturday 7
2	13	14
9	20	21
6	27	28

Notes

_____
_____
_____
_____
_____
_____
_____
_____
_____
_____
_____
_____
_____
_____
_____
_____
_____
_____
_____
_____
_____
_____
_____

02 MON. MAY 2, 2022 —————————————

_____   ○ ————————
_____   ○ ————————
_____   ○ ————————
_____   ○ ————————
_____   ○ ————————
_____   ○ ————————
_____   ○ ————————
_____   ○ ————————
_____   ○ ————————
_____   ○ ————————

03 TUE. MAY 3, 2022 —————————————

_____   ○ ————————
_____   ○ ————————
_____   ○ ————————
_____   ○ ————————
_____   ○ ————————
_____   ○ ————————
_____   ○ ————————
_____   ○ ————————
_____   ○ ————————
_____   ○ ————————

04 WED. MAY 4, 2022 —————————————

_____   ○ ————————
_____   ○ ————————
_____   ○ ————————
_____   ○ ————————
_____   ○ ————————
_____   ○ ————————
_____   ○ ————————
_____   ○ ————————
_____   ○ ————————
_____   ○ ————————

5 THU. MAY 5, 2022 —————————————

○ ————————
○ ————————
○ ————————
○ ————————
○ ————————
○ ————————
○ ————————
○ ————————
○ ————————
○ ————————

6 FRI. MAY 6, 2022 —————————————

○ ————————
○ ————————
○ ————————
○ ————————
○ ————————
○ ————————
○ ————————
○ ————————
○ ————————
○ ————————

07 SAT. MAY 7, 2022

08 SUN. MAY 8, 2022

09 MON. MAY 9, 2022

- ○
- ○
- ○
- ○
- ○
- ○
- ○
- ○
- ○
- ○

10 TUE. MAY 10, 2022

- ○
- ○
- ○
- ○
- ○
- ○
- ○
- ○
- ○
- ○

11 WED. MAY 11, 2022

- ○
- ○
- ○
- ○
- ○
- ○
- ○
- ○
- ○
- ○

12 THU. MAY 12, 2022

○
○
○
○
○
○
○
○
○
○

13 FRI. MAY 13, 2022

○
○
○
○
○
○
○
○
○
○

14 SAT. MAY 14, 2022

15 SUN. MAY 15, 2022

16 MON. MAY 16, 2022 ——————————————

_____   ○ ——————————
_____   ○ ——————————
_____   ○ ——————————
_____   ○ ——————————
_____   ○ ——————————
_____   ○ ——————————
_____   ○ ——————————
_____   ○ ——————————
_____   ○ ——————————
_____   ○ ——————————

17 TUE. MAY 17, 2022 ——————————————

_____   ○ ——————————
_____   ○ ——————————
_____   ○ ——————————
_____   ○ ——————————
_____   ○ ——————————
_____   ○ ——————————
_____   ○ ——————————
_____   ○ ——————————
_____   ○ ——————————
_____   ○ ——————————

18 WED. MAY 18, 2022 ——————————————

_____   ○ ——————————
_____   ○ ——————————
_____   ○ ——————————
_____   ○ ——————————
_____   ○ ——————————
_____   ○ ——————————
_____   ○ ——————————
_____   ○ ——————————
_____   ○ ——————————
_____   ○ ——————————

19 THU. MAY 19, 2022 ———————————————

- ○ ————
- ○ ————
- ○ ————
- ○ ————
- ○ ————
- ○ ————
- ○ ————
- ○ ————
- ○ ————
- ○ ————

20 FRI. MAY 20, 2022 ———————————————

- ○ ————
- ○ ————
- ○ ————
- ○ ————
- ○ ————
- ○ ————
- ○ ————
- ○ ————
- ○ ————
- ○ ————

21 SAT. MAY 21, 2022

22 SUN. MAY 22, 2022

23 MON. MAY 23, 2022 —————————————————

———————————————————— ○ ————————————————
———————————————————— ○ ————————————————
———————————————————— ○ ————————————————
———————————————————— ○ ————————————————
———————————————————— ○ ————————————————
———————————————————— ○ ————————————————
———————————————————— ○ ————————————————
———————————————————— ○ ————————————————
———————————————————— ○ ————————————————
———————————————————— ○ ————————————————

24 TUE. MAY 24, 2022 —————————————————

———————————————————— ○ ————————————————
———————————————————— ○ ————————————————
———————————————————— ○ ————————————————
———————————————————— ○ ————————————————
———————————————————— ○ ————————————————
———————————————————— ○ ————————————————
———————————————————— ○ ————————————————
———————————————————— ○ ————————————————
———————————————————— ○ ————————————————
———————————————————— ○ ————————————————

25 WED. MAY 25, 2022 —————————————————

———————————————————— ○ ————————————————
———————————————————— ○ ————————————————
———————————————————— ○ ————————————————
———————————————————— ○ ————————————————
———————————————————— ○ ————————————————
———————————————————— ○ ————————————————
———————————————————— ○ ————————————————
———————————————————— ○ ————————————————
———————————————————— ○ ————————————————
———————————————————— ○ ————————————————

6 THU. MAY 26, 2022 ————————————————

○ ————————————
○ ————————————
○ ————————————
○ ————————————
○ ————————————
○ ————————————
○ ————————————
○ ————————————
○ ————————————
○ ————————————

7 FRI. MAY 27, 2022 ————————————————

○ ————————————
○ ————————————
○ ————————————
○ ————————————
○ ————————————
○ ————————————
○ ————————————
○ ————————————
○ ————————————
○ ————————————

28 SAT. MAY 28, 2022   **29** SUN. MAY 29 , 2022

30 MON. MAY 30, 2022 ——————————

————————————————   ○ ————————
————————————————   ○ ————————
————————————————   ○ ————————
————————————————   ○ ————————
————————————————   ○ ————————
————————————————   ○ ————————
————————————————   ○ ————————
————————————————   ○ ————————
————————————————   ○ ————————
————————————————   ○ ————————

31 TUE. MAY 31, 2022 ——————————

————————————————   ○ ————————
————————————————   ○ ————————
————————————————   ○ ————————
————————————————   ○ ————————
————————————————   ○ ————————
————————————————   ○ ————————
————————————————   ○ ————————
————————————————   ○ ————————
————————————————   ○ ————————
————————————————   ○ ————————

01 WED. JUN 1, 2022 ——————————

————————————————   ○ ————————
————————————————   ○ ————————
————————————————   ○ ————————
————————————————   ○ ————————
————————————————   ○ ————————
————————————————   ○ ————————
————————————————   ○ ————————
————————————————   ○ ————————
————————————————   ○ ————————
————————————————   ○ ————————

For better month view this paper is left blank.

June 2022

Sunday	Monday	Tuesday	Wednesday
			1
5	6	7	8
12	13	14	15
19	20	21	22
26	27	28	29

" Great minds discuss ideas; average minds discuss events; small minds discuss people."- Eleanor Roosevelt

Thursday 2	Friday 3	Saturday 4
9	10	11
16	17	18
23	24	25
30		

Notes

_____
_____
_____
_____
_____
_____
_____
_____
_____
_____
_____
_____
_____
_____
_____
_____
_____
_____
_____
_____
_____

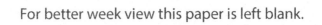
For better week view this paper is left blank.

2 THU. JUN 2, 2022 ————————————————

○ ————————————
○ ————————————
○ ————————————
○ ————————————
○ ————————————
○ ————————————
○ ————————————
○ ————————————
○ ————————————
○ ————————————

3 FRI. JUN 3, 2022 ————————————————

○ ————————————
○ ————————————
○ ————————————
○ ————————————
○ ————————————
○ ————————————
○ ————————————
○ ————————————
○ ————————————
○ ————————————

04 SAT. JUN 4, 2022   **05** SUN. JUN 5 , 2022

06 MON. JUN 6, 2022

_____ ⚪ _____
_____ ⚪ _____
_____ ⚪ _____
_____ ⚪ _____
_____ ⚪ _____
_____ ⚪ _____
_____ ⚪ _____
_____ ⚪ _____
_____ ⚪ _____
_____ ⚪ _____

07 TUE. JUN 7, 2022

_____ ⚪ _____
_____ ⚪ _____
_____ ⚪ _____
_____ ⚪ _____
_____ ⚪ _____
_____ ⚪ _____
_____ ⚪ _____
_____ ⚪ _____
_____ ⚪ _____
_____ ⚪ _____

08 WED. JUN 8, 2022

_____ ⚪ _____
_____ ⚪ _____
_____ ⚪ _____
_____ ⚪ _____
_____ ⚪ _____
_____ ⚪ _____
_____ ⚪ _____
_____ ⚪ _____
_____ ⚪ _____
_____ ⚪ _____

09 THU. JUN 9, 2022

○
○
○
○
○
○
○
○
○
○

10 FRI. JUN 10, 2022

○
○
○
○
○
○
○
○
○
○

11 SAT. JUN 11, 2022

12 SUN. JUN 12, 2022

13 MON. JUN 13, 2022 ———————————————————

_____   ○ ————————————
_____   ○ ————————————
_____   ○ ————————————
_____   ○ ————————————
_____   ○ ————————————
_____   ○ ————————————
_____   ○ ————————————
_____   ○ ————————————
_____   ○ ————————————
_____   ○ ————————————

14 TUE. JUN 14, 2022 ———————————————————

_____   ○ ————————————
_____   ○ ————————————
_____   ○ ————————————
_____   ○ ————————————
_____   ○ ————————————
_____   ○ ————————————
_____   ○ ————————————
_____   ○ ————————————
_____   ○ ————————————
_____   ○ ————————————

15 WED. JUN 15, 2022 ———————————————————

_____   ○ ————————————
_____   ○ ————————————
_____   ○ ————————————
_____   ○ ————————————
_____   ○ ————————————
_____   ○ ————————————
_____   ○ ————————————
_____   ○ ————————————
_____   ○ ————————————
_____   ○ ————————————

16 THU. JUN 16, 2022

○
○
○
○
○
○
○
○
○
○

17 FRI. JUN 17, 2022

○
○
○
○
○
○
○
○
○
○

18 SAT. JUN 18, 2022

19 SUN. JUN 19 , 2022

20 MON. JUN 20, 2022 ——————————————

○ ——————————————
○ ——————————————
○ ——————————————
○ ——————————————
○ ——————————————
○ ——————————————
○ ——————————————
○ ——————————————
○ ——————————————
○ ——————————————

21 TUE. JUN 21, 2022 ——————————————

○ ——————————————
○ ——————————————
○ ——————————————
○ ——————————————
○ ——————————————
○ ——————————————
○ ——————————————
○ ——————————————
○ ——————————————
○ ——————————————

22 WED. JUN 22, 2022 ——————————————

○ ——————————————
○ ——————————————
○ ——————————————
○ ——————————————
○ ——————————————
○ ——————————————
○ ——————————————
○ ——————————————
○ ——————————————
○ ——————————————

3 THU. JUN 23, 2022 ———————————————

————————————————————   ○ ————————————————
————————————————————   ○ ————————————————
————————————————————   ○ ————————————————
————————————————————   ○ ————————————————
————————————————————   ○ ————————————————
————————————————————   ○ ————————————————
————————————————————   ○ ————————————————
————————————————————   ○ ————————————————
————————————————————   ○ ————————————————
————————————————————   ○ ————————————————

4 FRI. JUN 24, 2022 ———————————————

————————————————————   ○ ————————————————
————————————————————   ○ ————————————————
————————————————————   ○ ————————————————
————————————————————   ○ ————————————————
————————————————————   ○ ————————————————
————————————————————   ○ ————————————————
————————————————————   ○ ————————————————
————————————————————   ○ ————————————————
————————————————————   ○ ————————————————
————————————————————   ○ ————————————————

25 SAT. JUN 25, 2022   **26** SUN. JUN 26 , 2022

————————————————————   ————————————————————
————————————————————   ————————————————————
————————————————————   ————————————————————
————————————————————   ————————————————————
————————————————————   ————————————————————
————————————————————   ————————————————————
————————————————————   ————————————————————
————————————————————   ————————————————————
————————————————————   ————————————————————

27 MON. JUN 27, 2022 —————————————————

○ —————————————
○ —————————————
○ —————————————
○ —————————————
○ —————————————
○ —————————————
○ —————————————
○ —————————————
○ —————————————
○ —————————————

28 TUE. JUN 28, 2022 —————————————————

○ —————————————
○ —————————————
○ —————————————
○ —————————————
○ —————————————
○ —————————————
○ —————————————
○ —————————————
○ —————————————
○ —————————————

29 WED. JUN 29, 2022 —————————————————

○ —————————————
○ —————————————
○ —————————————
○ —————————————
○ —————————————
○ —————————————
○ —————————————
○ —————————————
○ —————————————
○ —————————————

30 THU. JUN 30, 2022 ——————————————

○ ——————
○ ——————
○ ——————
○ ——————
○ ——————
○ ——————
○ ——————
○ ——————
○ ——————
○ ——————

01 FRI. JUL 1, 2022 ——————————————

○ ——————
○ ——————
○ ——————
○ ——————
○ ——————
○ ——————
○ ——————
○ ——————
○ ——————
○ ——————

02 SAT. JUL 2, 2022

03 SUN. JUL 3 , 2022

Notes

Notes

Notes

Notes

_____
_____
_____
_____
_____
_____
_____
_____
_____
_____
_____
_____
_____
_____
_____
_____
_____
_____
_____
_____
_____
_____
_____
_____
_____

SCAN ME

Made in the USA
Monee, IL
05 July 2021